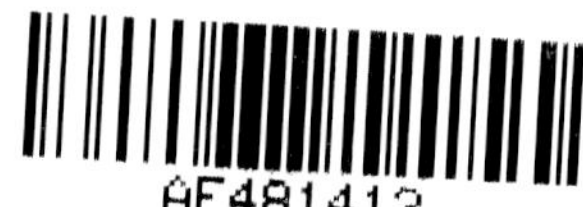
AF481412

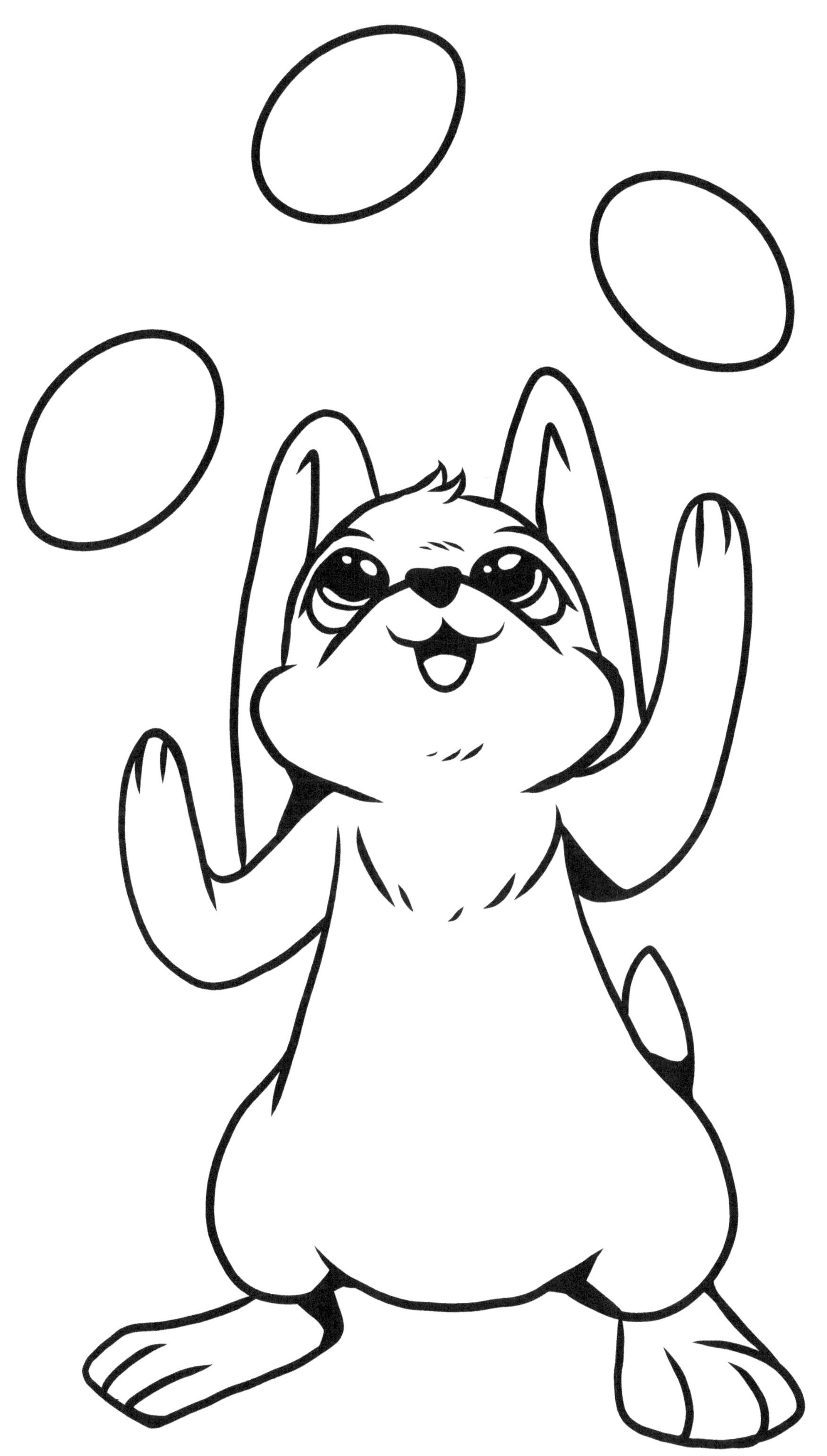

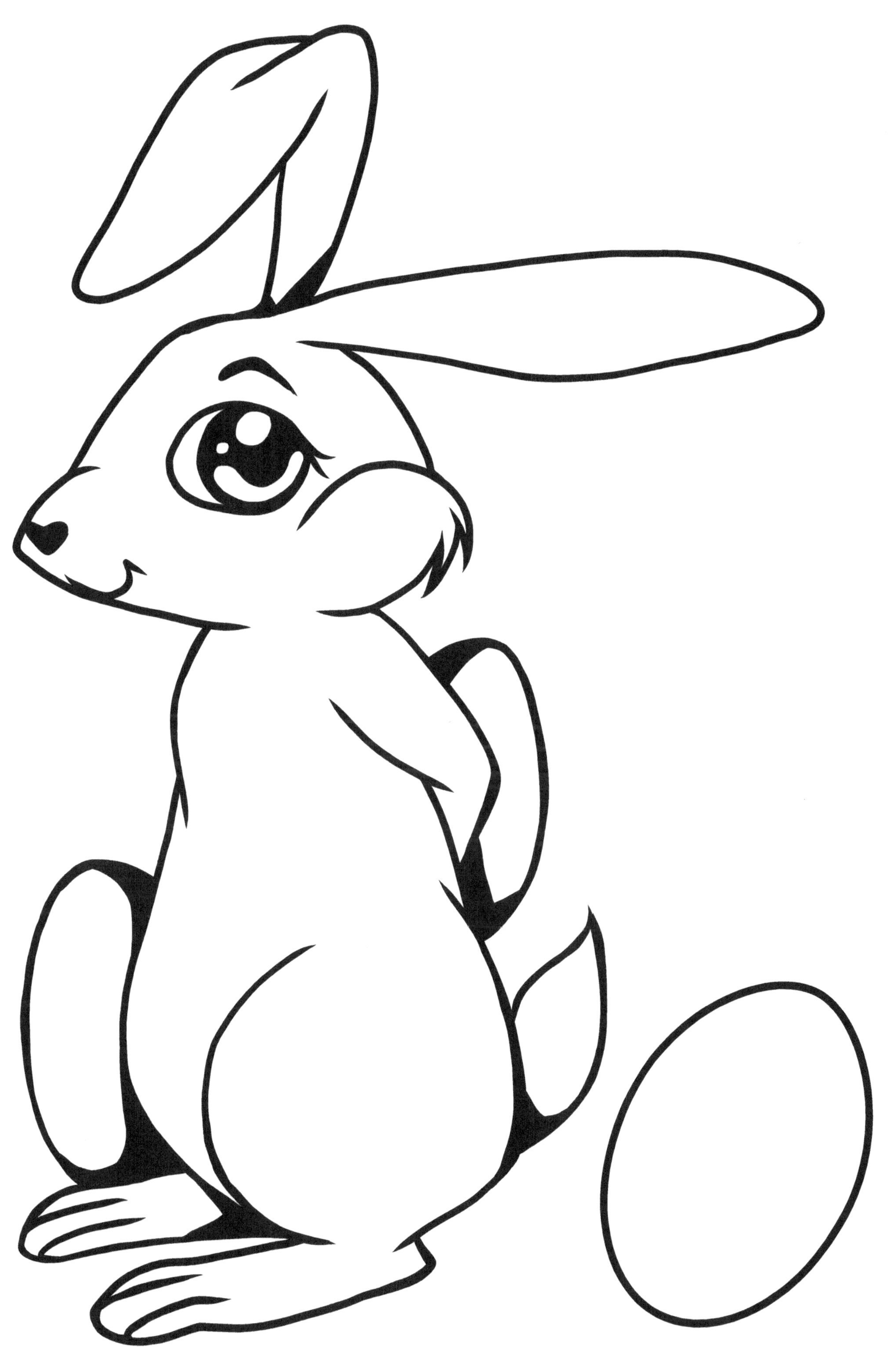

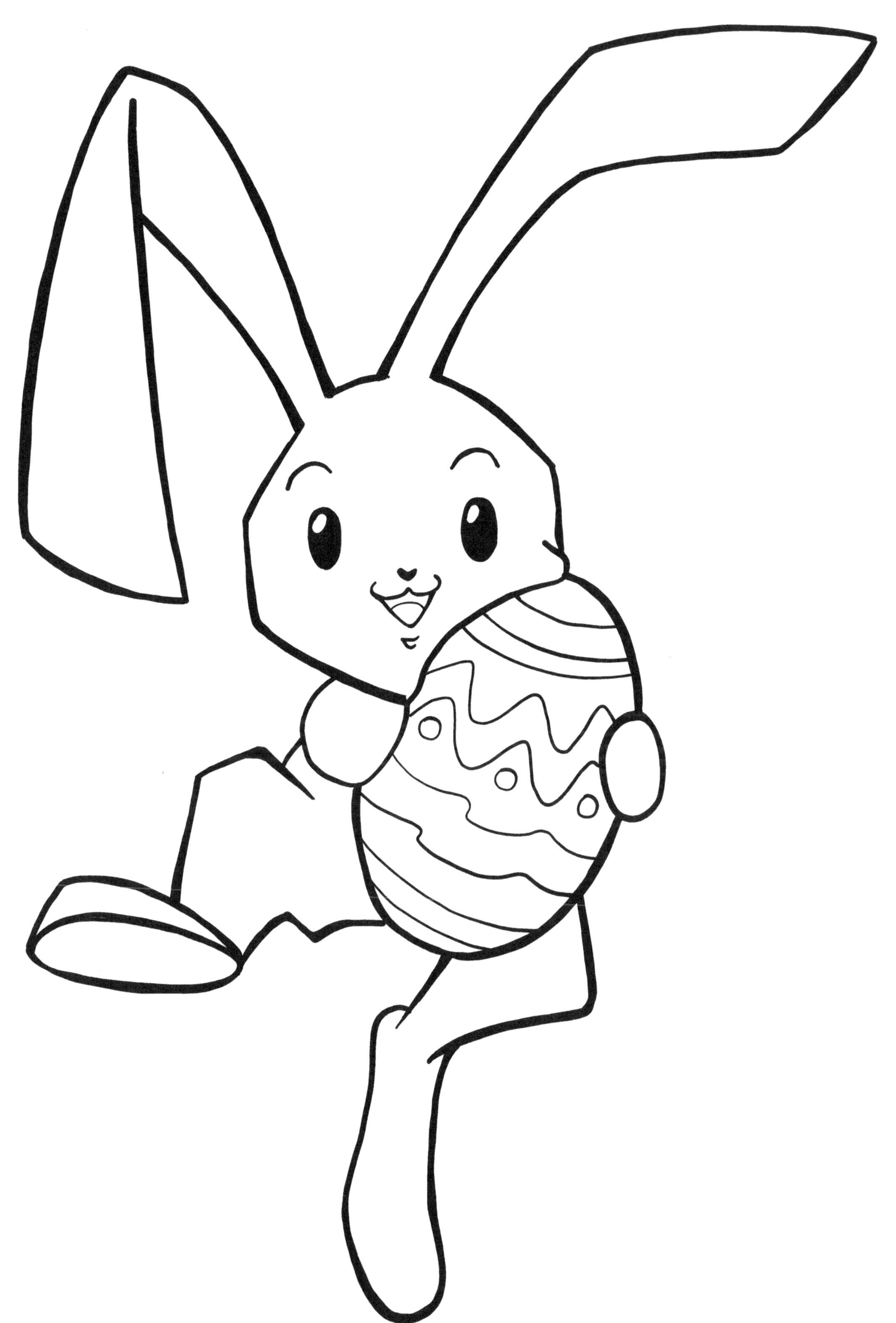

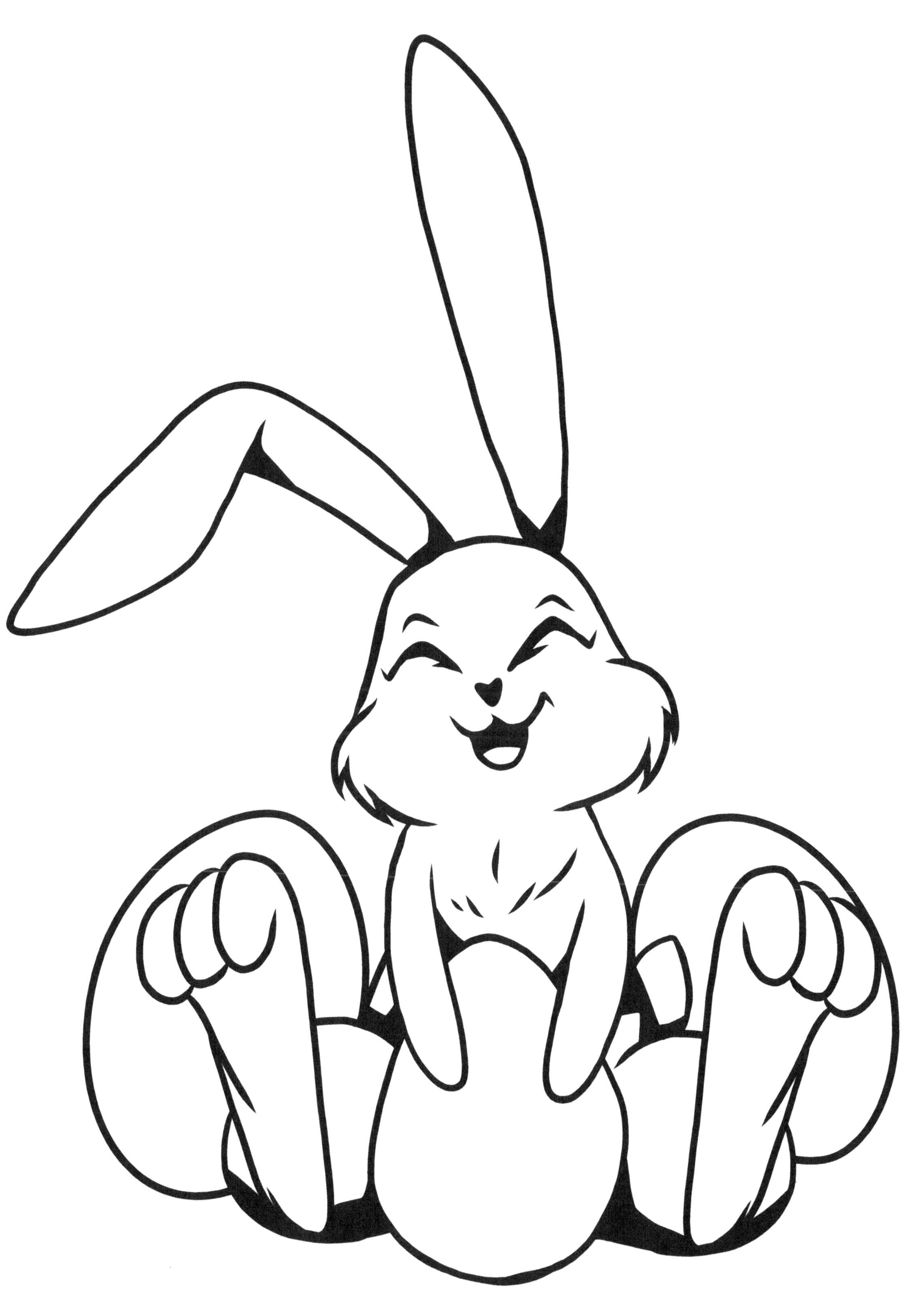

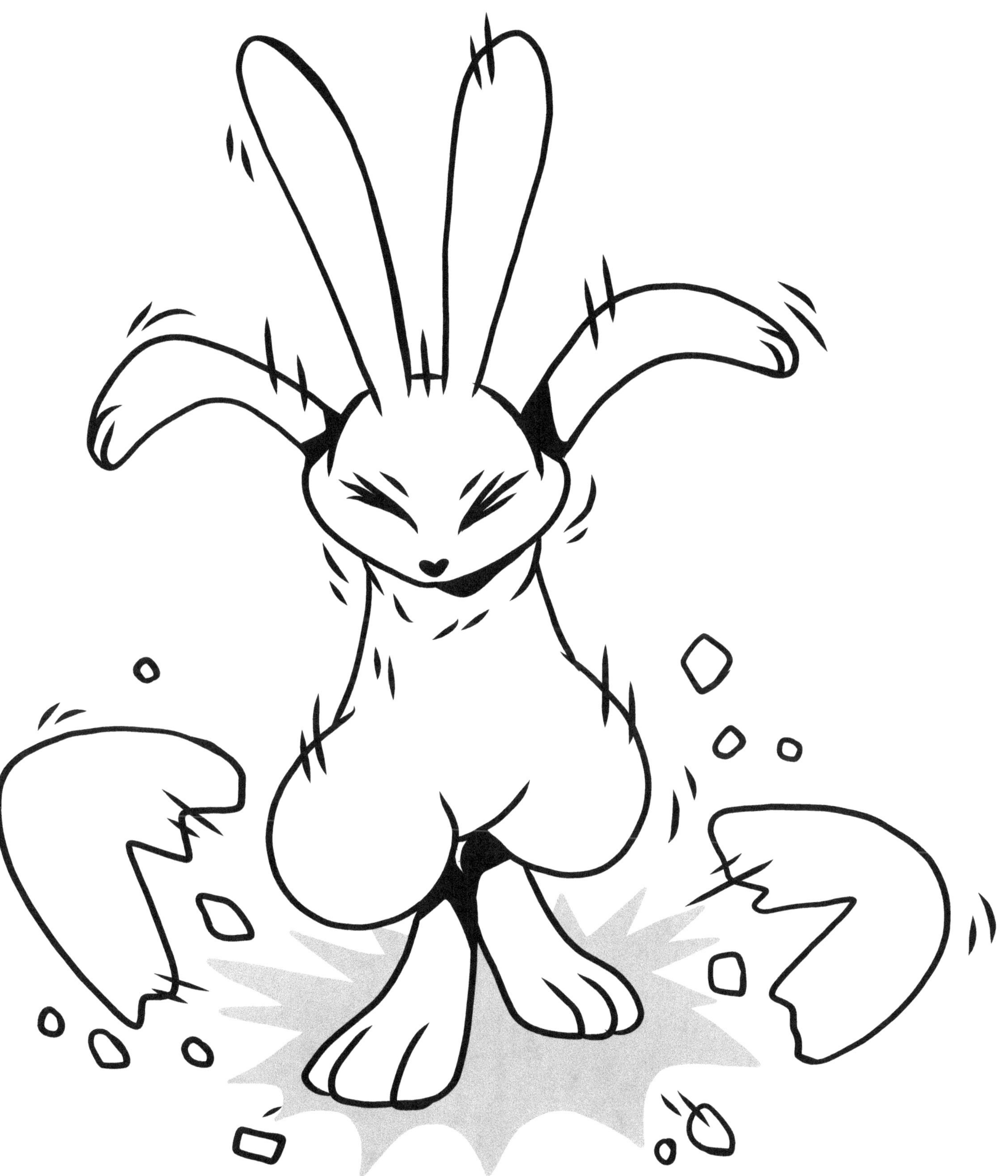

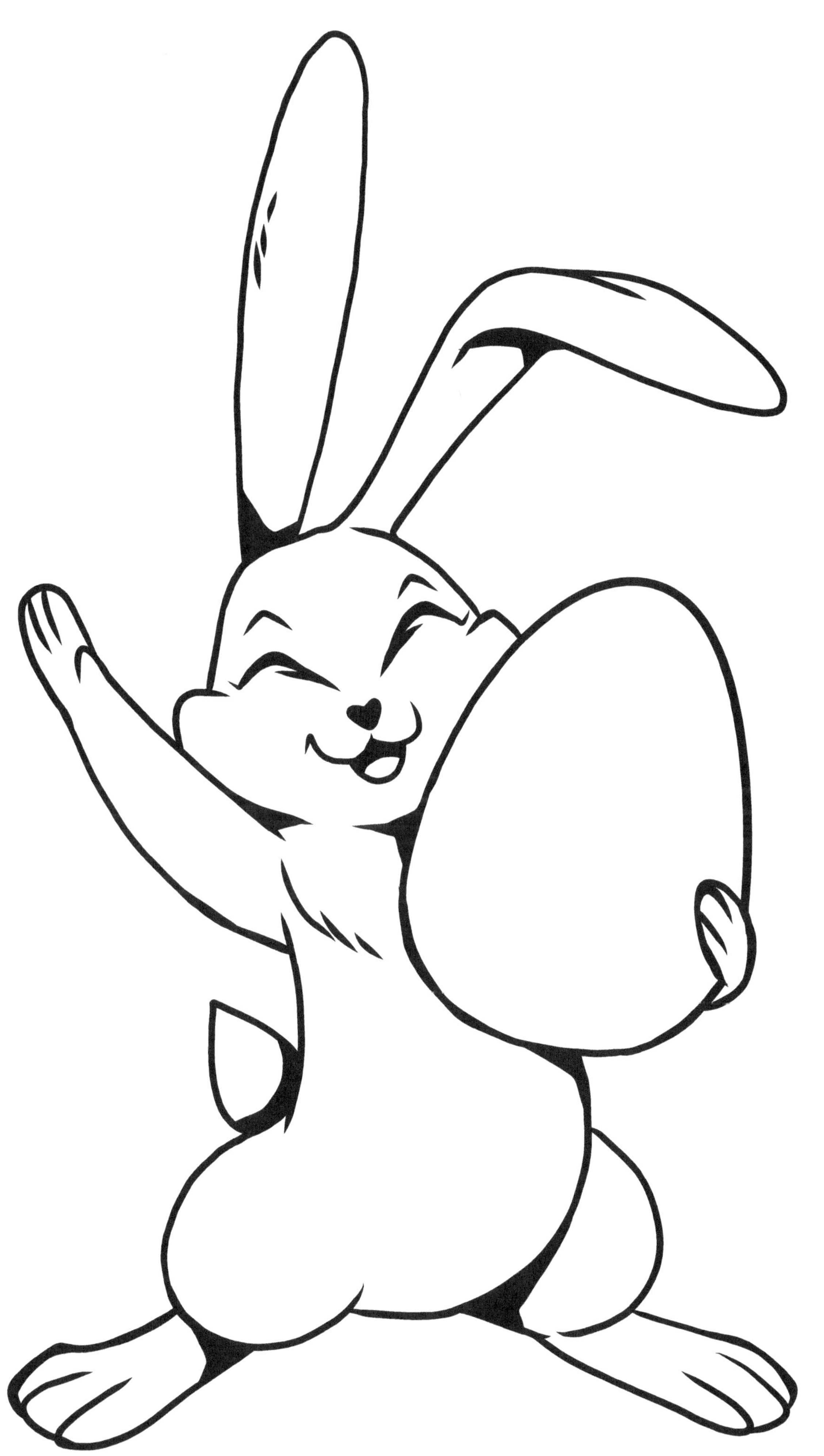

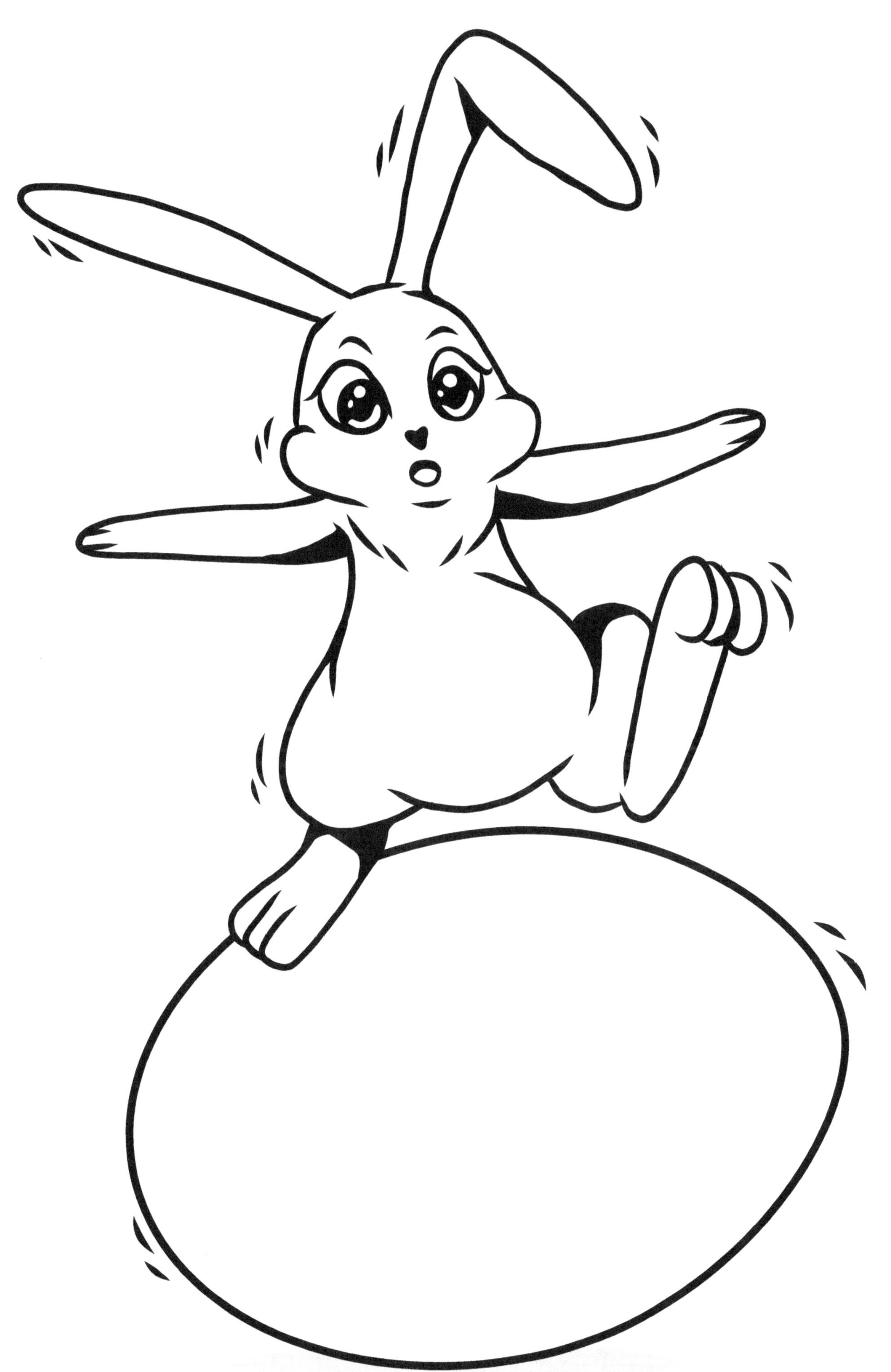

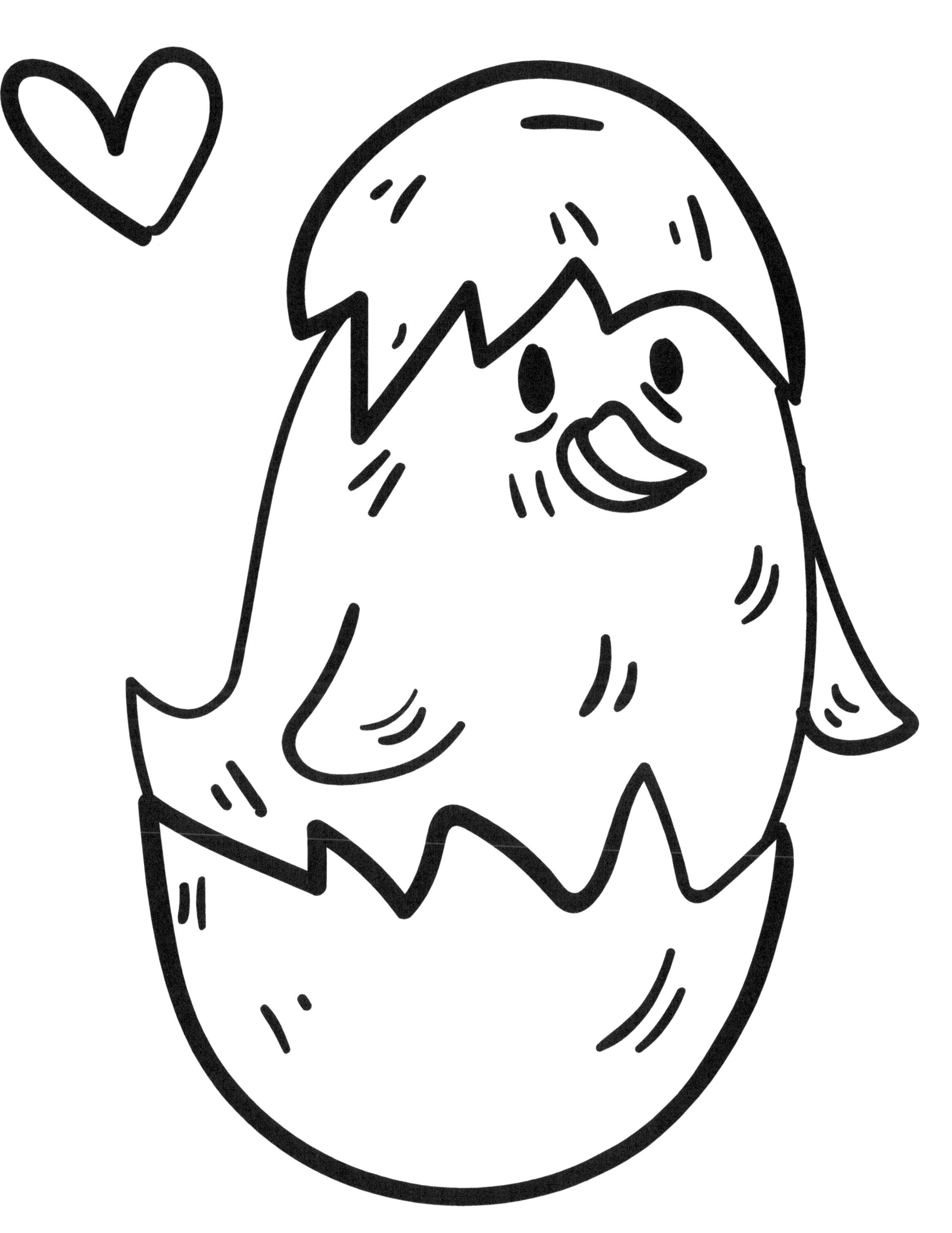

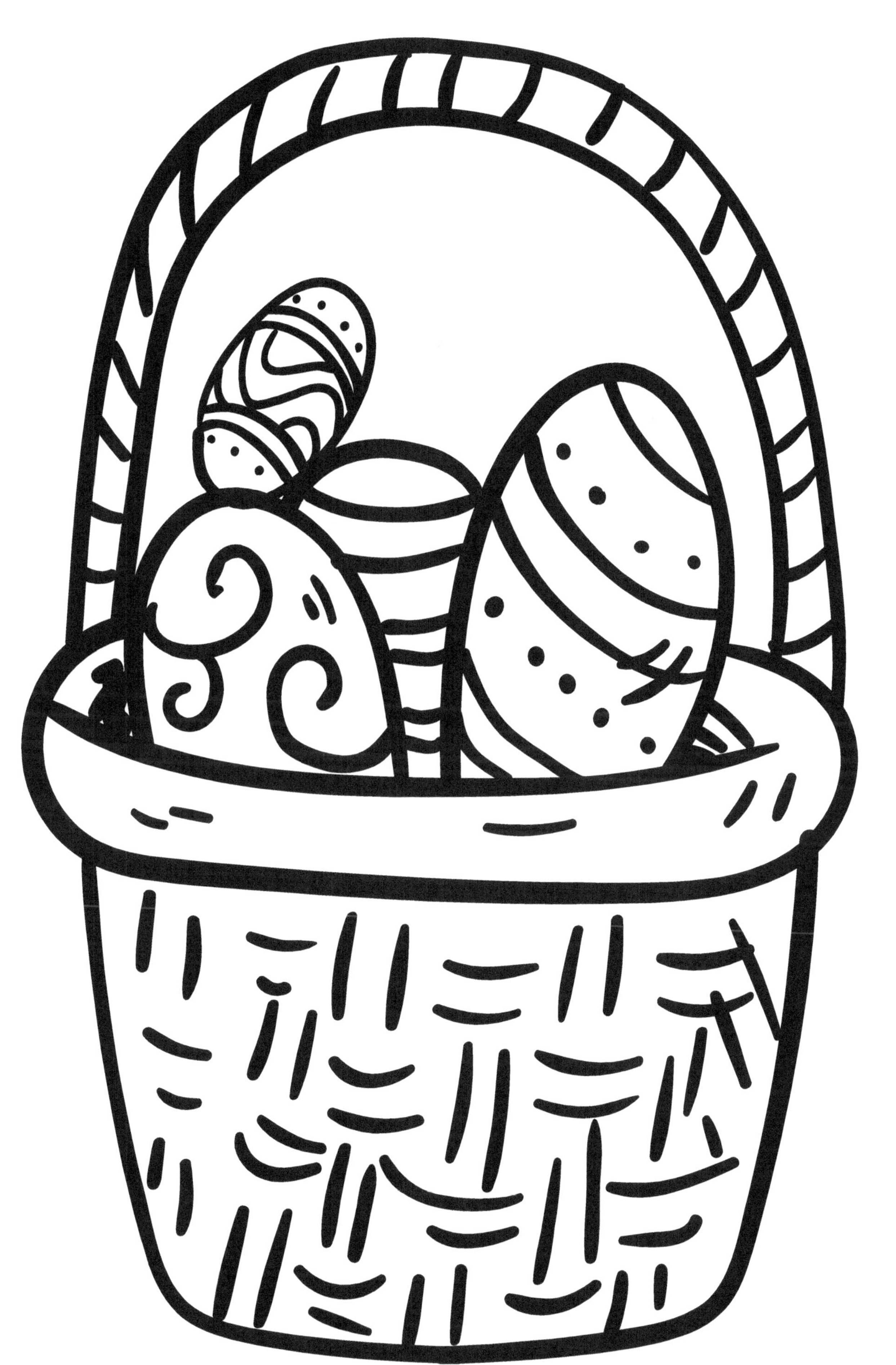

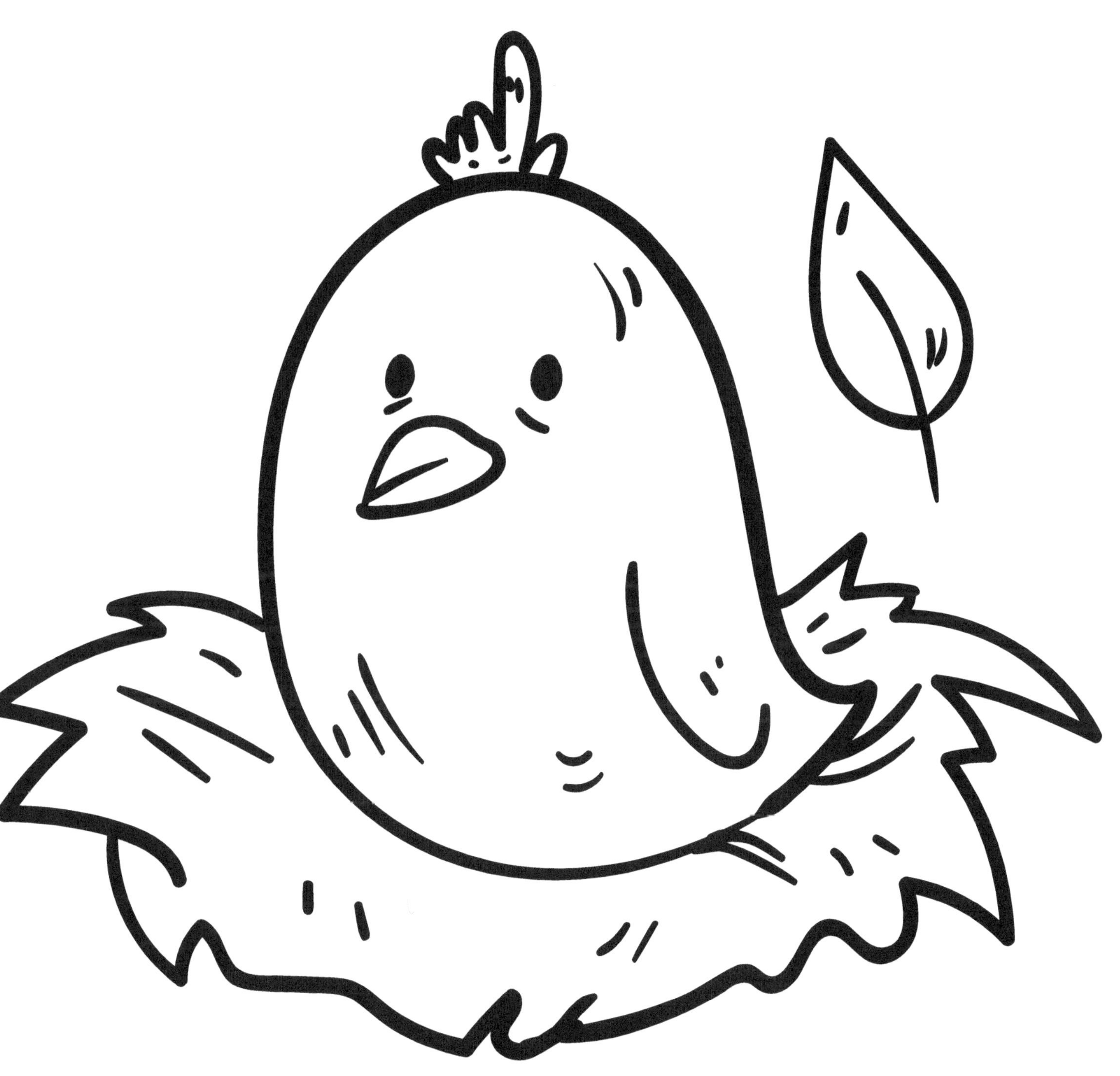

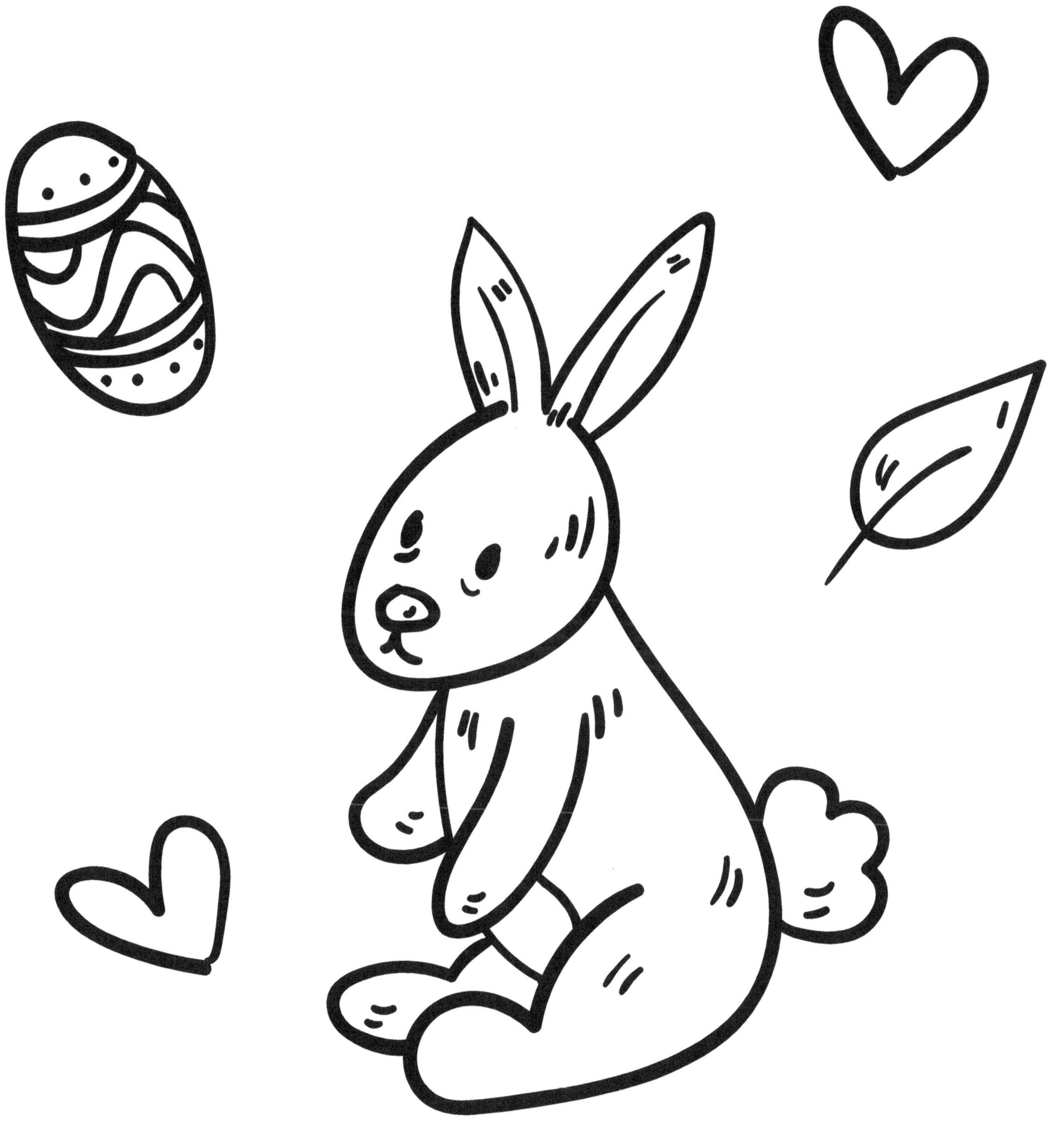

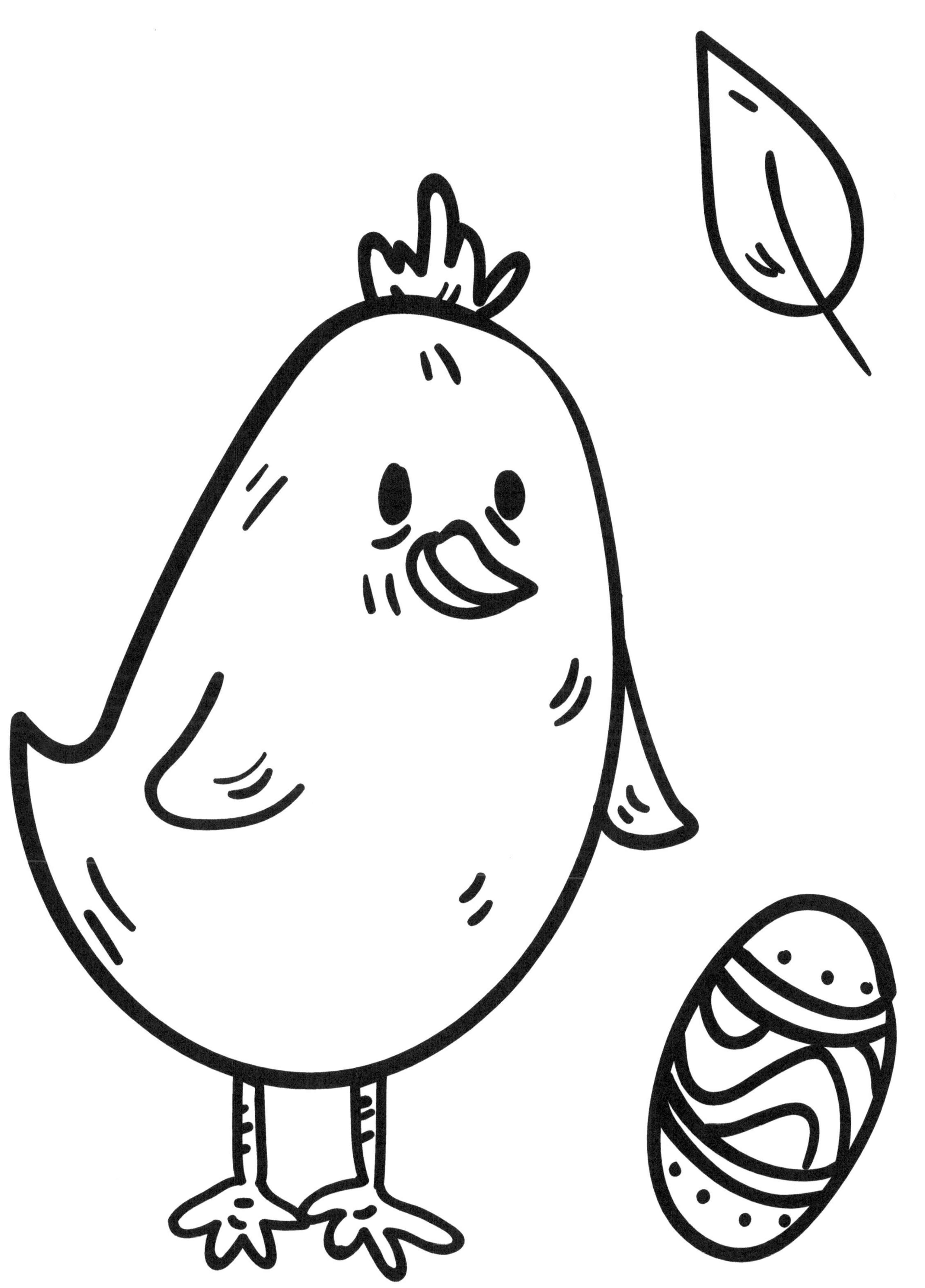

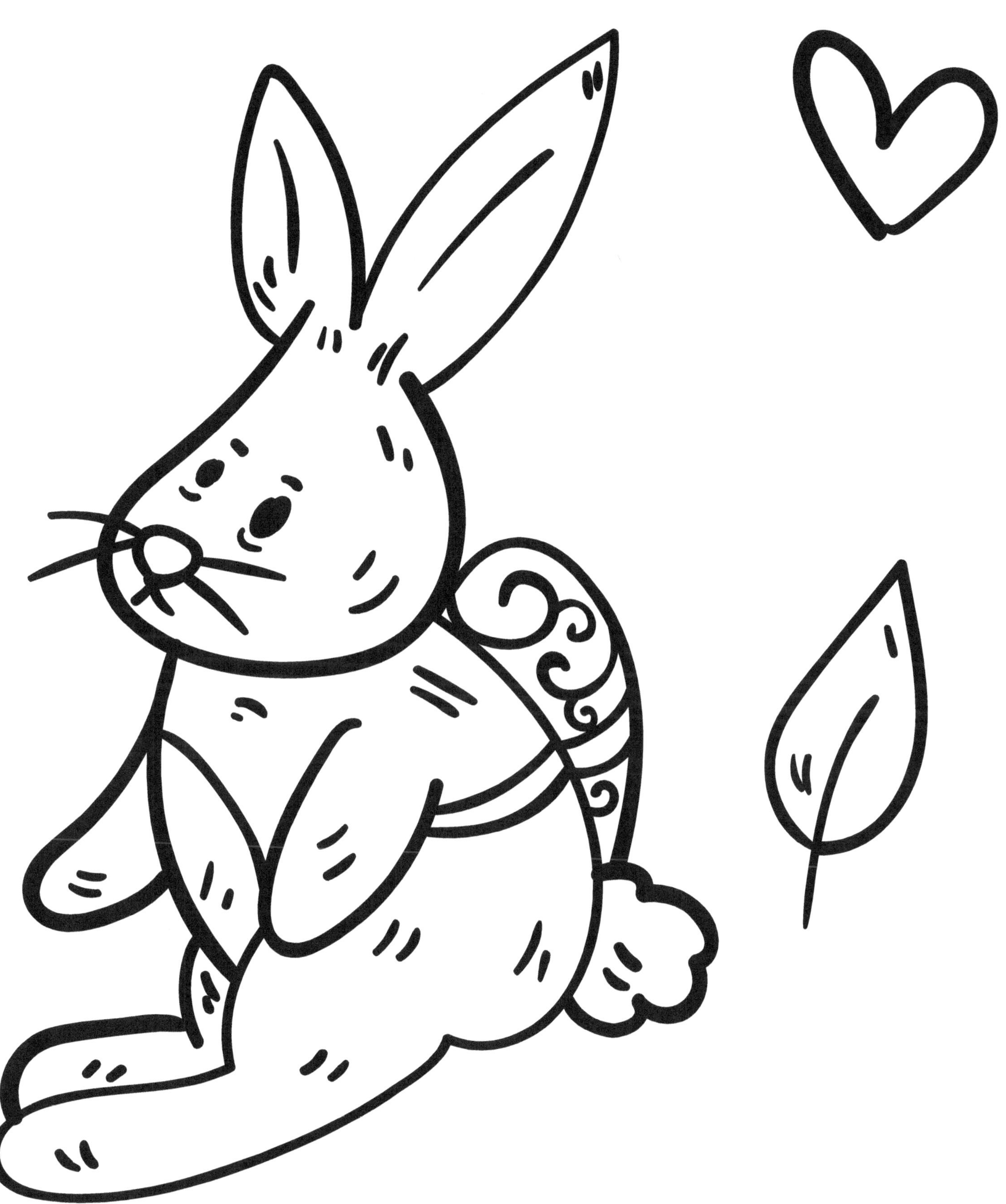

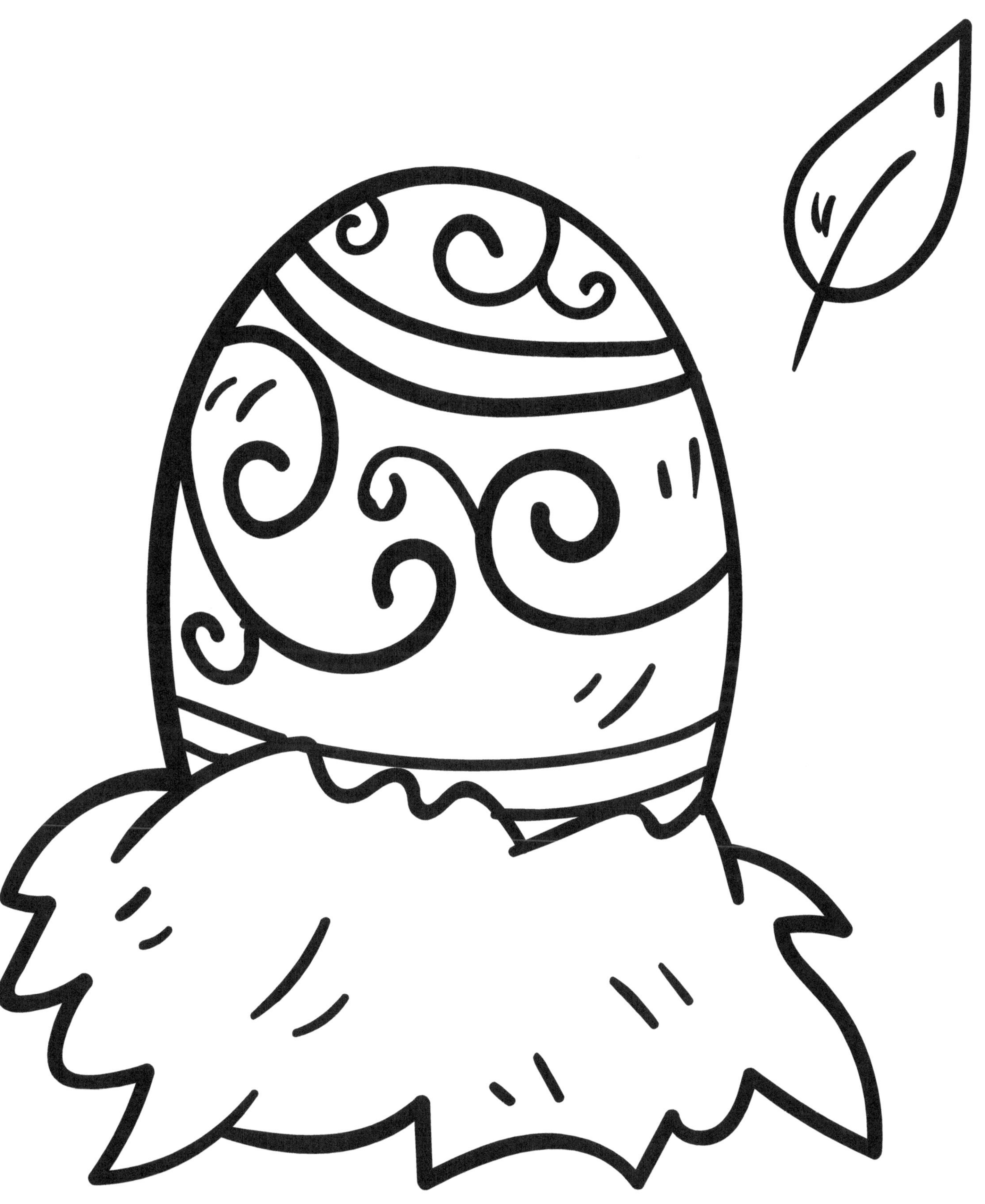

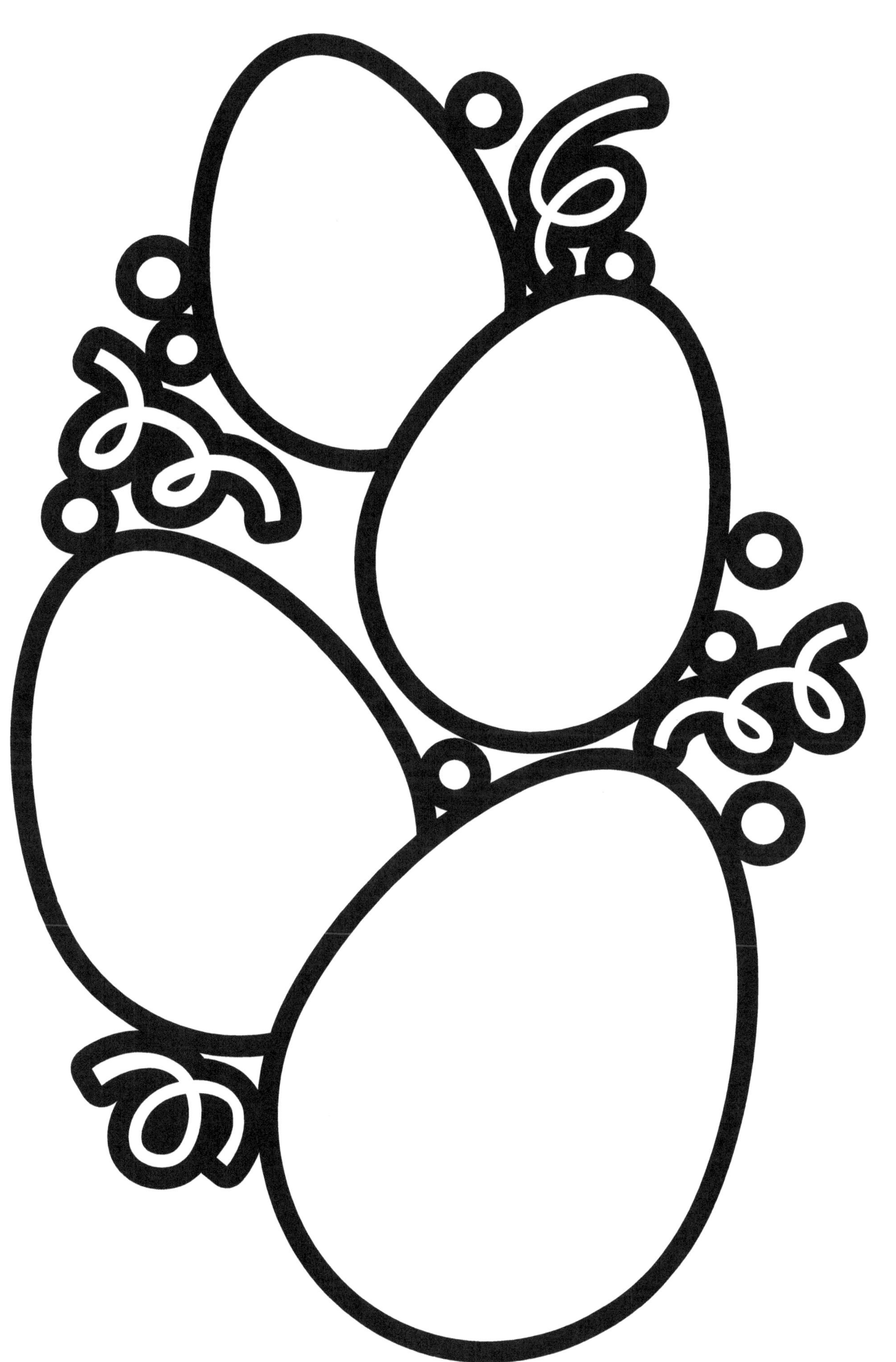

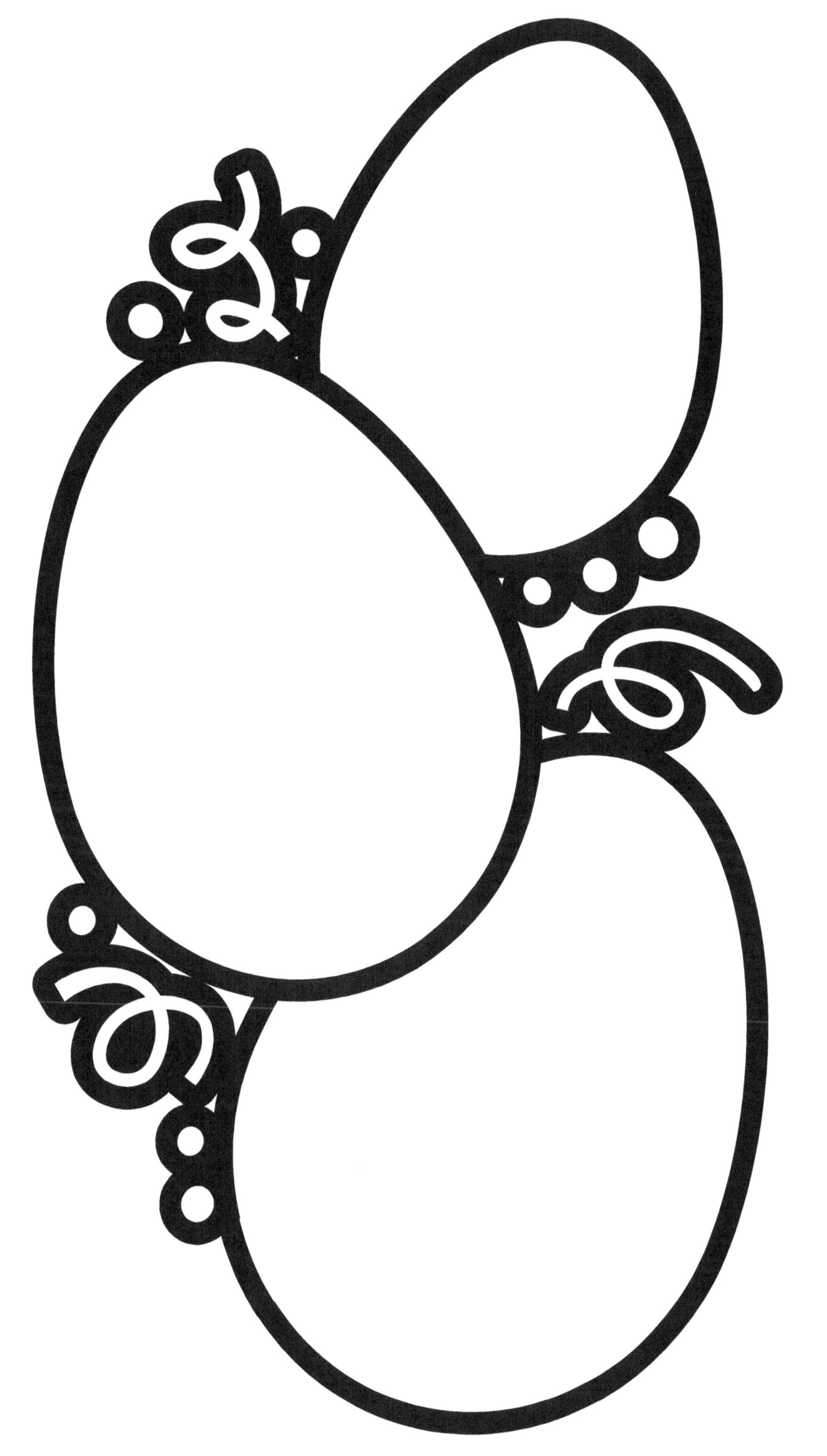

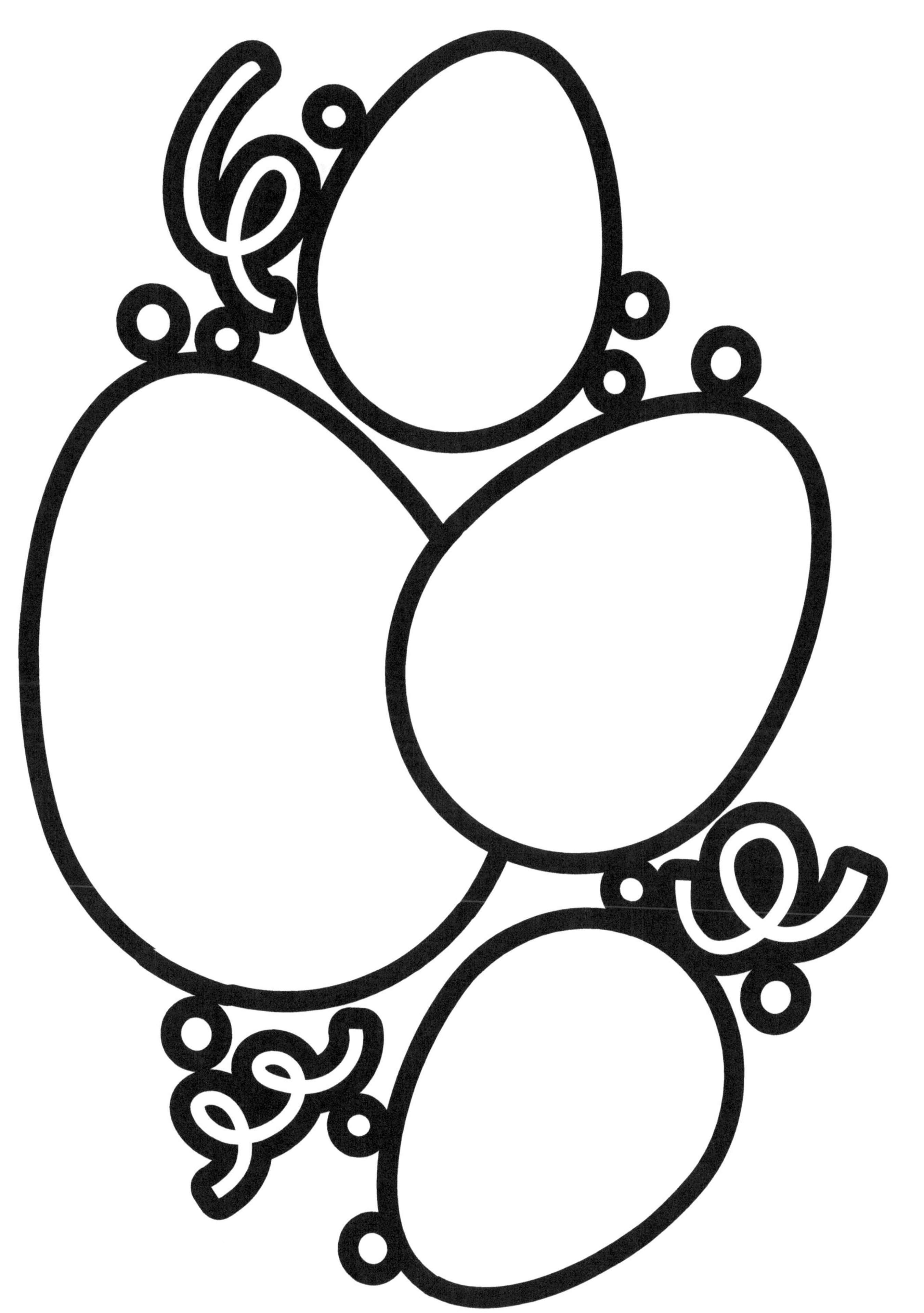

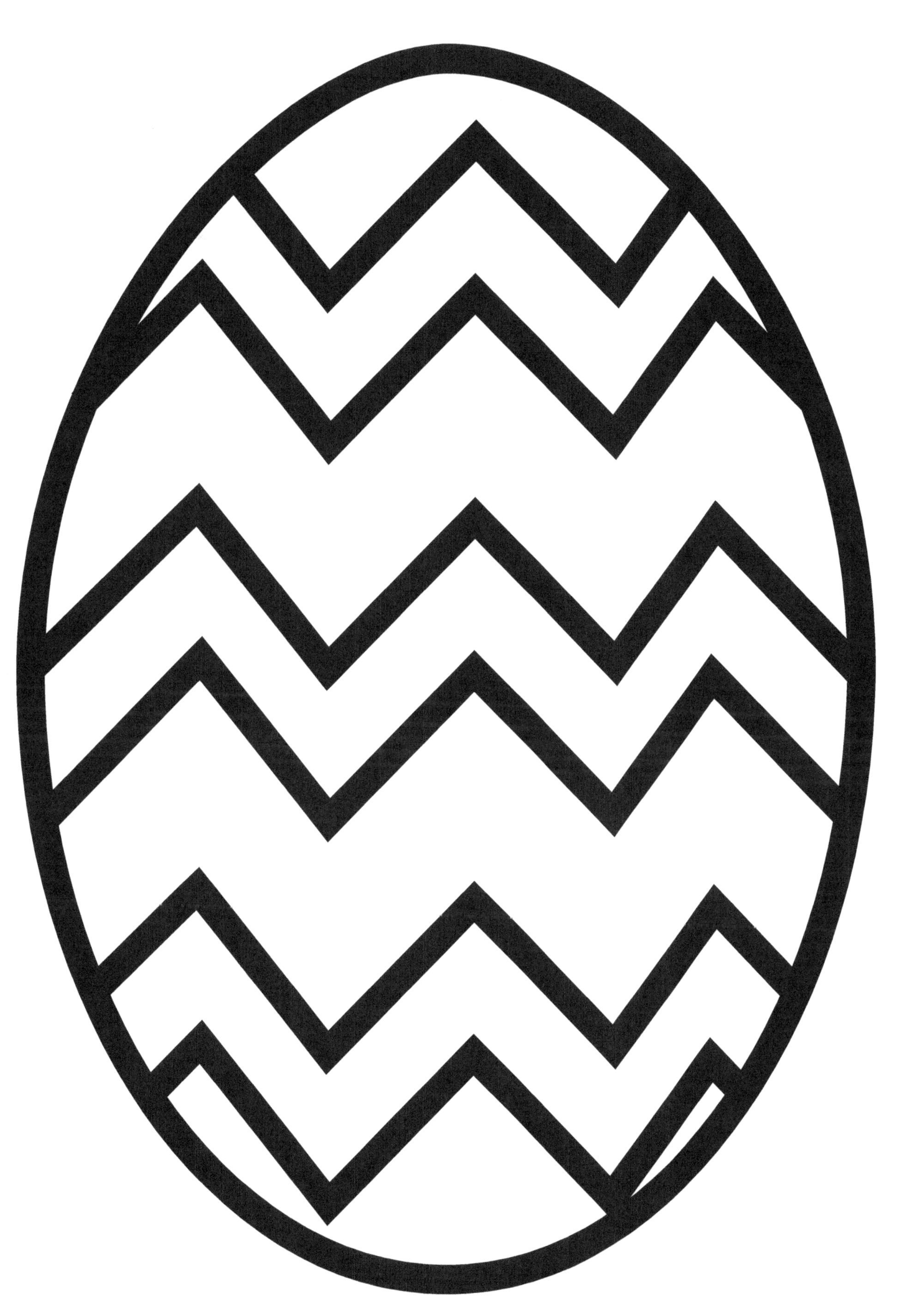

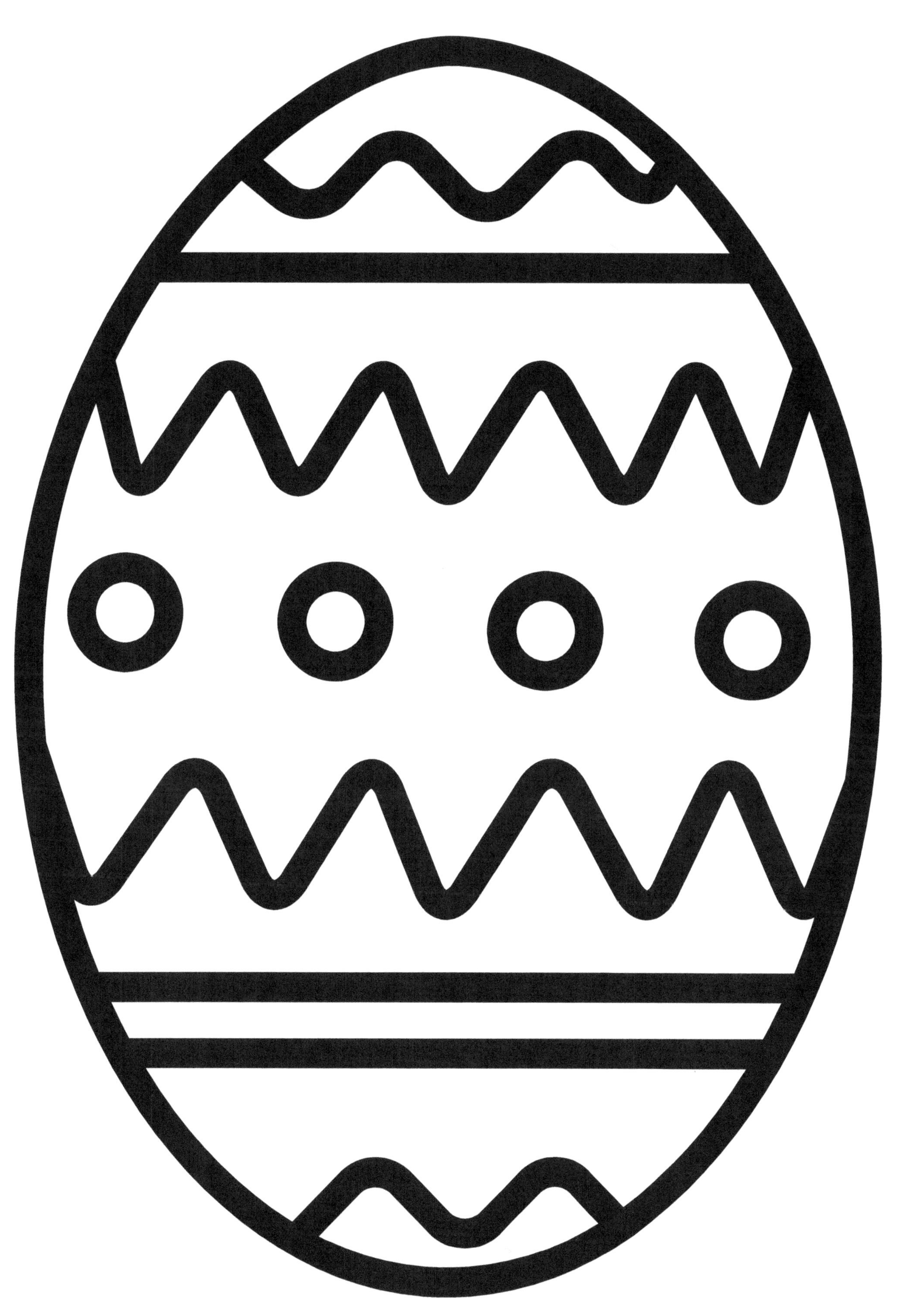

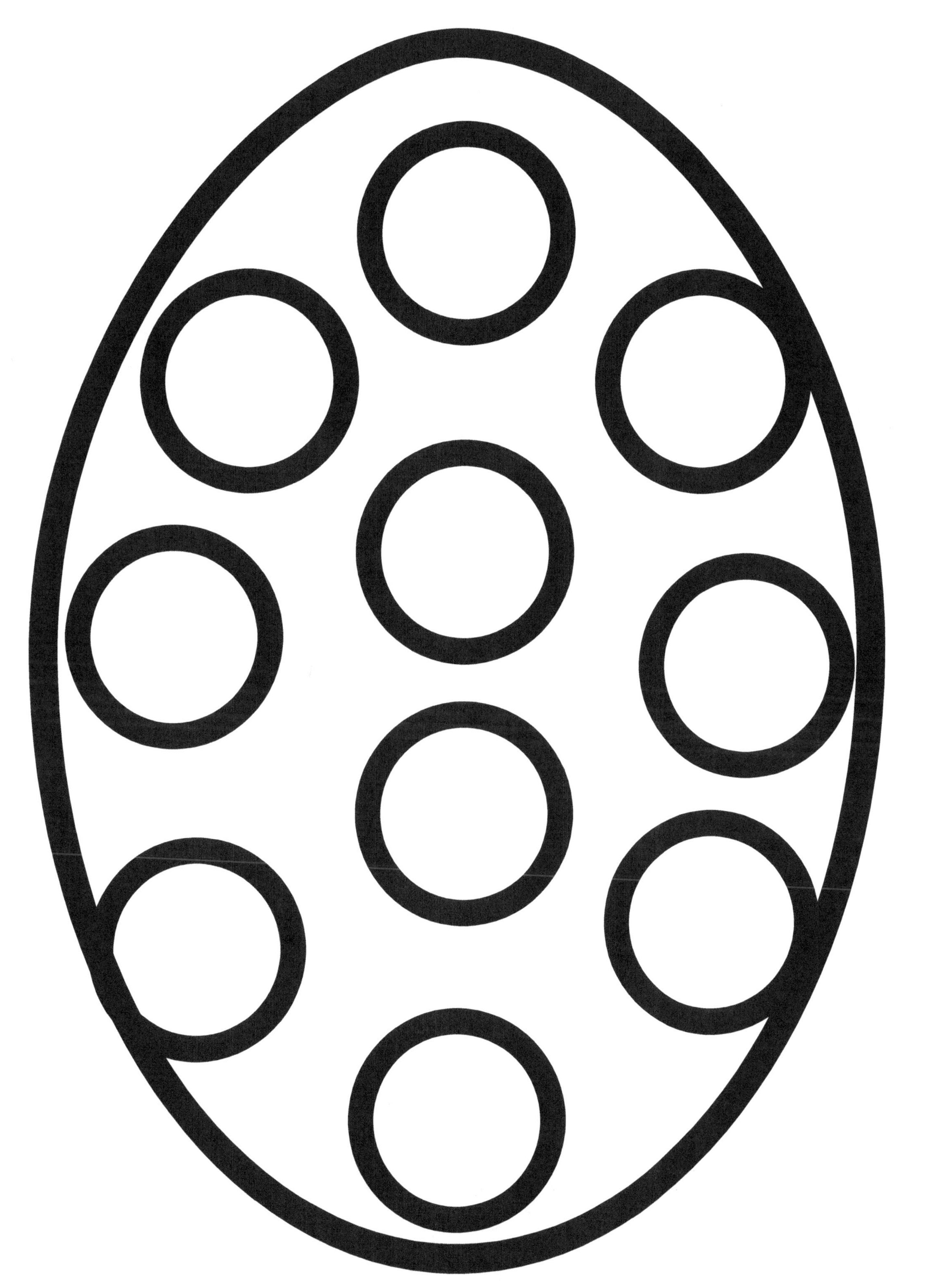

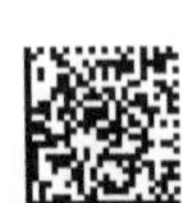